Trans

Gedichte

Poetisches und Nachdenkliches

von Alexa

Gedichte, Reime, Lyrisches

Books on Demand

1. Auflage

Mai 2020

Bibliografische Information der Deutschen Nationalbibliothek: Die Deutsche Nationalbibliothek verzeichnet diese Publikation in der Deutschen Nationalbibliografie; detaillierte bibliografische Daten sind im Internet über dnb.dnb.de abrufbar.

© 2020 Alexandra Boisen

Herstellung und Verlag: BoD – Books on Demand, Norderstedt

ISBN 9783751994286

Vorwort

Hätte man mir vor 7 Jahren gesagt, das ich heute ein Vorwort für mein eigenes Buch, ein Gedichtband, schreibe, hätte ich es mit Sicherheit nicht geglaubt.

Vor 7 Jahren hätte ich auch nicht geglaubt, das ich meinen Weg der Transition beschreite. Aber ich habe es getan. Vom Anfang bis zum Ende. Ich bin den Weg der Geschlechtsangleichung gegangen. Vom Mann zur Frau. Es war ein langer schwerer Weg, wie ein Marathonlauf. Nur länger. Auf dem Weg viele Hindernisse, die ich überwinden musste. Bis zum Tag meiner Operation. In Hamburg im UKE. Ich bin immer noch sehr zufrieden, mit dem was das OP-Team geleistet hat. Mit Teilen der Gesellschaft bin ich nicht zufrieden. Ich muss damit zurecht kommen, wie sie mit Trans Menschen umgehen, wie sie uns diskriminieren. Meinen Umgang mit Ihnen kann ich bestimmen aber nicht sie ändern.

Vor 3 Jahren habe ich mit dem Schreiben angefangen. Ich war gerade einige Wochen wieder zu Hause, nach dem ich das dritte Mal in einer Tagesklinik zu Gast war. Nach ca. 8 Wochen passierte es dann. Von einem Tag auf dem anderen. Ich fing an aufzuschreiben, was in meinem Kopf vor sich ging. Es entstanden, die ersten Texte, die ersten Verse und Gedichte. Dann ging es Schlag auf Schlag, ich fand Gefallen daran. Diejenigen, denen ich meine Gedichte gezeigt bzw. vorgelesen habe, gefiel, was ich geschrieben habe. Das machte mir Mut, weiter zu schreiben. Anfangs hatten viele meiner Texte mit mir zu tun. Mit meinen Problemen, mit meinem falschen Geschlecht. All das was mich belastet hat, wollte auf diese Art und Weise wieder raus. In dem ich sie zu Papier brachte. Zu Wörtern formte und schluß endlich wurden Verse und Gedichte da draus. Im Nachhinein hat es mir auf jeden Fall geholfen, wieder Stabilität zu gewinnen. Seitdem schreibe ich regelmäßig. Nicht nur zu Hause, sondern, da wo ich gerade bin. Ich habe immer etwas zum Schreiben mit.

Und nun bin ich dabei, alle meine Gedichte in Buchform zu veröffentlichen. Darauf freue mich und bin sehr stolz auf Mich. Was bedeutet, das der eine oder andere Gedichtband noch folgen wird.

Ich wünsche Ihnen nun viel Spaß beim Lesen

Hamburg, Mai 2020

Alexa, eine Meisterin der Worte

Kommt zu diesem Orte

Um zu klopfen an dieser Pforte

Lauschet alsbald ihre Worte

Ja, ich bin eine Trans
Mein Körper ist jetzt ganz

Ja, ich bin eine Trans
Und erwarte eure Akzeptanz

Vergeßt eure Ignoranz
Ja, ich bin eine Trans

Nein, ich habe keinen Schwanz
Ja, ich bin eine Trans

Alexa

Ob Junge oder Mädchen
Ob Mädchen oder Junge
Das weiß nur ich

Ob im richtigen oder falschen Körper
Das weiß nur ich

Alexander oder Alexandra
Manuela oder Manuel
Martina oder Martin

Das wissen nur wir selber
Ob in jungen oder späten Jahren
Nich unsere Eltern, Ärzte und Psychologen

Aber genau die, sagen, das es nicht stimmt
was wir sagen, das wir uns irren

Alexander oder Alexandra
Manuela oder Manuel
Martina oder Martin

Das wissen nur wir selber
Ob in jungen oder späten Jahren

Die Psychologen sagen, das wir erst mal einen
Alltagstest machen sollen.

Obwohl wir längst wissen was Sache ist
Das muss so sein, sagen sie

Alexander oder Alexandra

Manuela oder Manuel

Martina oder Martin

Das wissen nur wir selber

Ob in jungen oder späten Jahren

Dann kommen Ärzte, sie dürfen aber erst in

ein paar Monaten hormone nehmen

Alexander oder Alexandra

Manuela oder Manuel

Martina oder Martin

Das wissen nur wir selber

Ob in jungen oder späten Jahren

Auch die Behörden haben ihre Gesetze.
Erst wenn sie alles haben, dürfen sie einen
Antrag stellen um ihren Namen zu ändern.
Aber erst, wenn zwei Gutachter ihr ok geben

Alexander oder Alexandra
Manuela oder Manuel
Martina oder Martin

Das wissen nur wir selber
Ob in jungen oder späten Jahren

Nich unsere Eltern, Ärzte und Psychologen
oder Behörden

Wenn ich das alles durch habe, muss mein
Psychologe ok sagen, damit ich einen Antrag
stellen kann durch eine Operation meinen
Körper anzugleichen

Und dann entscheidet die Krankenkasse ob ja
oder nein

Alexander oder Alexandra
Manuela oder Manuel
Martina oder Martin

Das wissen nur wir selber

Ob in jungen oder späten Jahren
Nich unsere Eltern, Ärzte und Psychologen,
Behörden und Krankenkassen

Nach vier Jahren liege ich dann endlich im
Krankenhaus auf dem op tisch

Damit zusammen findet, was zusammen gehört

Seit Jahren leben sie schon in mir

Meine Dämonen

Vor vielen Jahren habe ich den Kampf gegen
sie aufgenommen

Habe ich Helfer im Kampf gegen meine
Dämonen gefunden

Habe ich eine Waffe im Kampf gegen meine
Dämonen gefunden

Das schriftliche Wort

Die Waffe ist mein Wort

Transition

Anfang
Mein Leben
Es lohnt sich
Ob jung oder alt
Ende

Transition 2

Wichtig
lange Zeit
Mann oder Frau
eine sehr schwere Entscheidung
Richtig

Transgender bin ich

Junge, der ein Mädchen ist

Mädchen für Immer

Sie ärgern mich im Schlaf
schicken mir gruselige Filme

Lassen mich nicht aus meinem Bett
Vertreiben mir meine Freunde

Ziehen mich in die Einsamkeit
Lassen mich nicht essen

Bringen mich aus nichtigen Gründen dazu,
richtig wütend zu werden und dies an den
falschen Leuten rauszulassen

Lassen mich aus Wut die Türen zuschlagen

Sie rauben mir meine Energie

Sie rauben mir die Lust, das zu tun, was ich
gerne mag
Sie rauben mir die Gefühle, mich für andere
zu freuen und an anderes zu erfreuen

Kann ich den Kampf auch nicht gewinnen,
so will ich wenigstens öfters gegen sie
gewinnen, als sie gegen mich

Kann ich den Kampf auch nicht gewinnen,
so will ich sie wenigstens in die hintersten
Winkel
meiner verletzten Seele schicken,
wo sie gerne vermodern können

Viele haben den Kampf gegen ihre Dämonen
verloren

Viele
kämpfen noch gegen ihre, wie Ich

Ich will meinen Kampf für mich entscheiden

Ich will meinen Kampf gewinnen

Every day I am sitting in my cafe

Every day I am waiting for you

Where are you ????

Every day I am thinking of you

Every day I am saying I love you

Where are you ????

Every day I am searching you

Every day and night

I will be sitting with you in my cafe when I
found you

Where are you ????

Dreams

Dreams are bad
Dreams are good
They comes, they go

I live not yesterday
I live not tomorror

I live TODAY

I am a Transgirl

I am a Human

I love Woman

I am a Lesbian Girl

I am a Human

Why don`t understand me?

Why can`t you accept me?

I have not your World destroyed

That make you self

You have the Problem

Not me

Ich versuche auszubrechen, aus meiner
Einsamkeit

Ich suche meine Rolle, mein Leben
Ich suche meinen Weg, den ich in Zukunft
gehen möchte

Ich bin wie ich bin und will nicht so sein, wie
die Gesellschaft es mir aufzwingen will

Ich mußte ausbrechen, weil ich zu lange im
falschen Körper gelebt habe

Ich fühle mich, wie in einem Kokon, der gerade
aufblüht

Marathon

4 jahre Marathon Laufen habe ich zu ende
gebracht
4 lange Jahre, vor denen ich nicht wußte, was
kommt auf mich zu
Ich habe mir auch keine Gedanken gemacht,
bin einfach losgeLaufen
Eine lange Zeit, an der viele von uns aufgeben,
scheitern
Ein Lauf mit vielen Hürden
Ein Lauf mit vielen Teilnehmern und
unterschiedlichen Wegstrecken
Ein Lauf mit Hindernissen und Rückschlägen
Ein Lauf, der mal mehr mal weniger von aussen
beeinflusst wird
Ein Lauf mit unterschiedlichen Längen
Je mehr Zweifel, desto länger
Je weniger Zweifel, desto kürzer

Ich bestimme Beginn und Ende des Laufs

Das Ende, die Gaop, kann für jeden anders aussehen.   Die
Gaop ist kein Zwang, keine Pflicht, es gibt Gründe dafür sowie dagegen.
Geh diesen Weg nur, wenn du dir absolut sicher bist.

Ich habe alles falsch gemacht und bin glücklich

Danke Hamburg

Danke Hamburg,
das ich hier wohnen und leben darf

Danke Hamburg,
das ich so sein kann, wie ich bin

Danke
uke hamburg, das während der Operation
nichts passiert ist

Danke
op team, das eure serie nicht bei mir gerissen
ist.

Danke
op team, durch euch fühle ich mich neugeboren

Danke Hamburg,
das du mich als Frau wahr nimmst und
behandelst

Danke Hamburg,

früher war ich unsichtbar, heute werde ich
immer sichtbarer

Danke
an die vielen Frauen in Hamburg ob jung oder
alt, die mir Tag für Tag ein lächeln schenken

Danke
das du da warst, als ich wach aus dem op saal
zurück kam

Danke, du warst die erste, die mich so
angenommen hat, wie ich war, auch wenn du bei
unserer ersten Begegnung einen Schock
bekommen hast

Danke
liebe Eltern, statt eines Sohnes habt ihr jetzt
eine Tochter

Die GaOp

Die GaOp wünscht sich jeder Transgender
Nicht jeder aber kann sie machen lassen
Nicht jeder möchte sie machen lassen

Ein jeder, der sie aber machen lässt
hat eine lange Zeit vor sich
Ein jeder, der sie machen lässt, braucht viel
Geduld

Man macht viel durch, egal ob Mann oder Frau
egal ob jung oder alt
ein jeder der sie machen lässt, muss viel
beantragen, besorgen
Ein Arzt, ein Krankenhaus muss gesucht
werden

Irgendwann dann ist der große Tag, es geht los
Der eine mit großer Aufregung, die andere mit
weniger
Morgen geht es los zum OP Saal
Nur noch wenige Stunden, dann ist es
überstanden

Tell me why

Wann lasst ihr mich in ruh?

Wann hört ihr auf mich zu ärgern?

Can you tell me why

Ich kämpfe um mein Leben

Wann hört ihr auf mich zu belästigen?

Wann hört ihr auf, mich zu bespucken?

Can you tell me why

Ich kämpfe um mein Leben

Wann hört ihr auf mich auszugrenzen?

Wann hört ihr auf, mich zu Diskriminieren?

Can you tell me why

Ich kämpfe um mein Leben

Wann hört ihr auf mich zu schlagen?

Tell me why

Ich kämpfe um mein Leben

Tränen

Sie fließen über mein Gesicht und Hals an mir herunter.

Sie kommen plötzlich und schnell

Sie kommen und bleiben, weil meine Seele schreit, weil meine Seele krank ist

Ich will sie nicht aber sie kommen trotzdem

Meine Stimme verstummt

Für immer????

Geschlecht

Ob junge oder Mädchen, bei der
Geburt, man weiß es erst nicht
Das richtige Geschlecht kommt erst spät ans
Licht

Nach der Geburt, aus Mädchen wird ein junge,
aus junge ein Mädchen

Die eine früh, der andere spät, beide stellen
fest,
irgendwas läuft falsch im Nest

Die eine früh, der andere spät, beide sagen
sich,
das ist es nich

Beide sagen sie, das können wir nicht
akzeptieren,
beide lassen sie es korrigieren.

Aus dem jungen wird ein Mädchen, aus dem Mädchen ein junge

Ich musste erst erkranken
Und muss mich deswegen bedanken

Ich hab mich deshalb gefunden
Und werde dadurch wieder gesunden

Ich will nicht mehr lange warten
Nun kann ich endlich starten

Ich kämpfte um mein leben
Die Gesellschaft war dagegen

Der Weg war hart und steinig
aber ich war mit mir einig

Ich war nicht ganz alleine
Der Weg aber war der meine

Der Weg war für mich sehr wichtig
Alles war genauso richtig

Ich will endlich im Krankenhaus liegen
und man soll mich in den op Saal schieben
dort muss ich dann wieder liegen
und werde was schönes kriegen

zurück im Krankenzimmer, darf ich was?
na? natürlich liegen

dann werde ich alles versuchen
das mich meine Mädels besuchen

sie lassen mich nicht allein
und kommen einfach herein

Meine Operation

Sie wartet auf mich

Meine Seele Mein Körper wartet auf sie

Ohne sie bin ich nicht vollkommen
Ohne sie werde ich nicht gesund

Ohne sie kein Ende

Ohne sie keine vollständige Frau

Ohne sie keine richtige Alexandra

Meine Operation niemand wird sie mir nehmen

Ist bestimmt die einzige auf die ich mich
freue

Mein Dämon ist zurück gekommen

Ich hab ihn zuerst nicht wahr genommen

Mein Dämon ist zurück gekommen

Ich bin noch ganz benommen

Mein Dämon ist zurück gekommen

Ich dachte schon ich hätte gewonnen

Böse Träume will ich schnell vergessen
Ich bin nicht drauf versessen

Böse Träume will ich schnell vergessen
Sonst werde ich besessen

Böse Träume will ich schnell vergessen
Sie können mich sonst stressen

Böse Träume will ich vergraulen
sollen sie doch verfaulen

Der Martin der wollt nicht mehr
Der Martin der konnt nicht mehr
Der Martin der sollt nicht mehr

Der Martin muss weg

Die Alexa muss her
Die Alexa will her
Die Alexa darf her

Der Martin muss weg

Die Alexa kommt
Die Alexa ist auf dem weg
Die Alexa ist hier

Der Martin ist weg

Ich kann das nicht so gut machen
denn ich muss dabei immer lachen

dann kann ich ja wieder gehen
denn ich muss meinen rasen mähen

Im Juni schnippeln sie an mir rum
Und ich bleib dabei stumm

Im Juni schnippeln sie an mir rum
Dafür brauch ich ganz schön viel mumm

Wo ist mein Leben?

Hat es jemand gesehen?

Es wurde mir gestohlen, vor langer Zeit

Mode?
Schauspiel?
Schreiben?
Kinder?

Wo wäre ich wohl gelandet, wenn alles richtig
geLaufen wäre ?

Aus einem tiefen Tal kommend
scheint dir die Sonne entgegen

Auf einem hohen Berg ankommend
scheint dir die Sonne entgegen

Aus einem tiefen Loch kommend
scheint dir die Sonne entgegen

Gestern unsichtbar, heute sichtbar

Gestern stumm, heute redselig

Gestern unwohl heute wohl in Kleidern

Gestern ein Mann, heute eine Frau

Ich kann nicht schlafen
Kann nicht essen
kann nicht warten

Ich habe mein Ziel, das ich erreichen will

Nichts kann mich hindern
Niemand kann mich hindern

Ich habe mein Ziel, das ich erreichen will

Ich kann es schaffen
Ich will es schaffen
Ich schaffe es

Ich habe mein Ziel, das ich erreichen will

Heute Tag, morgen Nacht

Heute Flut, morgen Ebbe

Heute Berg, morgen Tal

Heute oben, morgen unten

Heute Freude, morgen Angst

Heute frei, morgen eingesperrt

Sie kam schleichend in mein Leben

Schleichend versuche sie meine Seele

Sie fesselte mich ans Bett

Sie nahm mir die Lust

Sie nahm mir die Liebe

Sie nahm mir meine Frau

Aber

Sie gab mir mein Leben

Sie gab meiner Seele ihren Körper

Der Tag kommt
Er ist nicht mehr fern

Der Tag kommt
Er ist nicht mehr weit

Der Tag kommt
er wird mich glücklich machen

Der Tag kommt
Er wird mich vollkommen machen

Ich kann ihn schon sehen
Den Tag

Selbstbewußt

Schritt für Schritt
in kleinen Schritten
werde ich immer selbstbewusster

Last für Last
fällt von meinen Schultern
werde ich immer selbstbewusster

Stein für Stein
fallen sie vom Weg
werde ich immer selbstbewußter

Wartezeit

Warten kann so lang sein
Warten kann so verdammt nervig sein
Warten kann so stressig sein

Ich will nicht warten
Ich kann nicht warten
Ich muss warten

Warten ist mein Dämon
Vielleicht mein letzter
Der letzte und schwerste

Ich will nicht warten
Ich kann nicht warten
Ich muß warten

Als kleiner Junge auf die Welt gekommen
Als Frau will ich gehen

Als kleiner Junge auf die Welt gekommen

Eine Seele kämpfte um ihren richtigen Körper
Sie verlor für lange Zeit bis sie krank wurde

Eine Seele kämpfte um ihren richtigen Körper,
ihre richtige Identität.

Sie gewann schließlich, der falsche Körper
verschwindet langsam

Im Juni wird sie neugeboren

Transgender

Geboren um zu leben
Geboren im falschen Körper

Geboren um falsch zu leben
Ob Schule, Ausbildung und Beruf
In einer Klinik, im Fitness Studio

Geboren um falsch zu leben
Immer legt dir jemand Steine in den Weg

Geboren um für das richtige leben zu kämpfen

Geboren um richtig zu sein

Vor wenigen Monaten noch
War ich leider depressiv
Nach langen Wochen im Loch
Wurde ich schnell aggressiv

Kann ich akzeptieren,
Das ich nicht bin wie ihr seid?

Kann ich an euch appellieren?
Werde ich sein ohne leid

Der Abschied

Es muss sein
Es tut weh, es schmerzt
Ich bin nicht alleine damit
Ob jung ob alt
Ob für immer oder kurz
Eines Tages muss es sein
Er kann ein neuer Anfang sein
Er muss kein Ende sein

Danke

An dieser Stelle möchte ich mich bei meinen Betreuern und Betreuerinnen von B+S Soziale Dienste, Hamburg bedanken. Ohne Sie wäre es wohl nie zu diesem Buch gekommen.

Natürlich auch meinen Eltern für ihre Unterstützung in den letzten Jahren.

Autoren Info:

Alexa
geboren 1965 in Oberhausen, lebt seit 1972 in Hamburg. Leidet seit vielen Jahren an Depressionen. Um mit diesen besser fertig zu werden, fing sie 2017 an zu schreiben.

Alexa ist eine Trans Frau. Seit 6 Jahren lebt sie öffentlich als Frau. 2018 wurde sie im UKE Hamburg operiert. Ihre Erfahrungen als Trans Frau verarbeitet sie in ihren Gedichten.
In Ihrer Freizeit spielt sie Handball und schaut sich Ausstellungen in Museen an.